sobre o autor

Lester Bello inspira as pessoas com suas mensagens de realização pessoal há mais de 15 anos. Empresário bem-sucedido, Lester ensina princípios que têm ajudado corporações internacionais.

Atualmente é o editor e fundador da Bello Group International — um grupo empresarial baseado em princípios de excelência e integridade. Sua fé e a paixão pelo desenvolvimento pessoal são o núcleo de seu negócio e ministério. Como mentor, treinou outros empreendedores de sucesso ao longo dos anos através de seus programas. Um de seus maiores valores é o empenho em ajudar os outros a alcançarem o seu potencial, para viverem uma vida próspera e cumprirem o propósito de Deus.

Lester atualmente reside em Belo Horizonte, Brasil, com sua esposa Roane e seus dois filhos: Solomon e Valentina.

VOCÊ

No momento em que pegou este livro você pode estar passando por um momento difícil, ou conhece alguém que está nessa situação. Mas por direção divina ele chegou às suas mãos para que você possa saber que Deus está no controle da sua vida. Você pode estar dizendo agora mesmo que essa foi a gota d´água, sua última tentativa, mas eu estou aqui para dizer que Deus não quer que você desista.

Os dias podem ser desafiadores, mas o que está adiante é um caminho melhor, um futuro melhor, uma vida extraordinária. Você precisa fazer apenas uma única coisa: não desistir.

A estrada que Deus preparou para você, para a sua família, seus negócios, seu ministério ou carreira é linda! Ela é maravilhosa e cheia de oportunidades. Ele criou tudo isso para você desfrutar. A intenção de Deus é que você veja claramente que a sua vida FOI predestinada para a grandeza!

Enquanto estiver lendo este livro, lembre-se apenas disto: Deus tem o melhor para a sua vida; **Ele não desistiu de você** e jamais desistirá. Ele nos deu este momento, exatamente agora, para lembrar a você através desta leitura que os seus últimos dias serão os melhores dias da sua vida.

O QUE DEUS TEM DAQUI PARA A FRENTE É O QUE HÁ DE MELHOR PARA A SUA VIDA. AS DIFICULDADES PODEM TER FEITO PARTE DA SUA HISTÓRIA, MAS NÃO DETERMINAM A SUA VIDA.

SEU FUTURO DEPENDE DA SUA DECISÃO DE **NÃO DESISTIR**

O QUE DETERMINA COMO SERÁ A SUA VIDA É A SUA DECISÃO DE CONTINUAR VIVENDO E CRENDO QUE O MELHOR DE DEUS ESTÁ ADIANTE DE VOCÊ. **NÃO DESISTA!**

COMO SUA VIDA ESTÁ CONFIGURADA PARA SER?

VOCÊ É...
- O PRÓXIMO BILL GATES
- O PRÓXIMO STEVE JOBS
- O PRÓXIMO BILLY GRAHAM
- A PRÓXIMA JOYCE MEYER
- O PRÓXIMO LÍDER NA SUA EMPRESA
- O DONO DE UMA IDEIA DE U$1 MILHÃO

TALVEZ VOCÊ TENHA SIDO REJEITADO

1, 2, 10, 100 vezes

NÃO PARE!

É MAIS FÁCIL ABRIR MÃO DE TUDO DO QUE PROSSEGUIR, PORÉM HÁ MUITO MAIS BENEFÍCIOS EM SEGUIR ADIANTE DO QUE EM DESISTIR. APROVEITE A VIDA AO MÁXIMO.

Sua vida é cheia de histórias não contadas que precisam ser ouvidas e vistas, então

FAÇA UM

A VOCÊ FAVOR...

... MESMO

e crie essas histórias. Deixe sua voz ser ouvida! Não importa em que parte do mundo você vive, você está aqui para contar a sua história.

A HISTÓRIA DE SUCESSO DE SOICHIRO HONDA

Soichiro Honda é o fundador da empresa Honda, uma das maiores e mais conhecidas empresas de automóveis do mundo. A história de Soichiro começa em uma entrevista de emprego na empresa Toyota, onde foi rejeitado por não ser considerado apto para o trabalho! Mas ele não desistiu e decidiu criar uma empresa que concorreria com a Toyota.

Foi quando nasceu a atual Honda! Se há alguma coisa que podemos aprender com esta história inspiradora e de sucesso é: nunca desistir.

Kathryn teve várias chances de desistir; sua família e amigos queriam de todo modo que ela abandonasse o projeto, mas ela sabia que se sua voz fosse ouvida, ela conseguiria.

ELA CONSEGUIU

Agora o livro já tem traduções em vários idiomas e as pessoas podem ouvir sua história e sua voz, através dos seus livros e filmes.

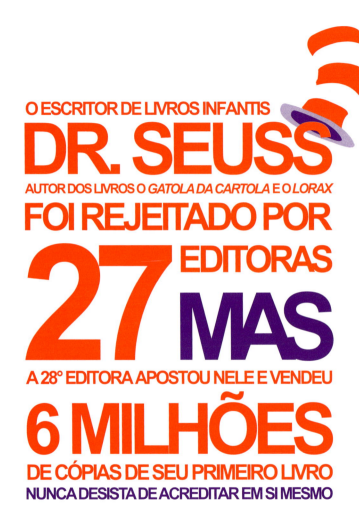

O ESCRITOR DE LIVROS INFANTIS
DR. SEUSS
AUTOR DOS LIVROS O *GATOLA DA CARTOLA* E O *LORAX*
FOI REJEITADO POR
27 EDITORAS
MAS
A 28° EDITORA APOSTOU NELE E VENDEU
6 MILHÕES
DE CÓPIAS DE SEU PRIMEIRO LIVRO
NUNCA DESISTA DE ACREDITAR EM SI MESMO

"

Enquanto o mundo diz, 'desista', a esperança sussurra, 'tente mais uma vez'.

"

– Autor desconhecido

LEMBRE-SE DE QUE DEUS ESTÁ SEMPRE DIZENDO
PARA VOCÊ TENTAR MAIS UMA VEZ,

ELE ACREDITA EM VOCÊ

ELE SABE QUE QUEM VIVE EM VOCÊ É MAIOR
E TEM TODO O POTENCIAL PARA FAZÊ-LO ENCONTRAR A REALIZAÇÃO NA VIDA

após 17 anos PRODUZINDO O PROGRAMA DE TELEVISÃO DE SUA IGREJA

JOEL OSTEEN FOI O SUCESSOR DE SEU PAI COMO PASTOR DA LAKEWOOD CHURCH

ele havia pregado apenas *uma vez* **em sua vida** na semana anterior à morte do pai

MESMO DIANTE DESSA DURA TRANSIÇÃO ELE NÃO DESISTIU

•

Lakewood Church é a maior igreja nos EUA, com uma média de 43,500 membros por semana.

BEETHOVEN ERA ATRAPALHADO AO MANUSEAR O VIOLINO, MAS PREFERIA TOCAR SUAS PRÓPRIAS COMPOSIÇÕES EM VEZ DE APERFEIÇOAR SUA TÉCNICA.

SUA PROFESSORA DIZIA QUE ELE ERA UM CASO PERDIDO COMO COMPOSITOR.

OS SONHOS QUE DEUS COLOCA EM SEU CORAÇÃO

ESTÃO LÁ COM UM PROPÓSITO, POR UMA RAZÃO E PARA UM OBJETIVO.

POR ISSO, NÃO DESISTA! COMPONHA SUA PRÓPRIA CANÇÃO!

Cerque seus pensamentos e ações com a grandeza!

• • •

Domine tudo em sua vida com a própria grandeza de Deus!

EQUIPE

Isso significa que você terá que decidir quem você permitirá ter acesso à sua vida. Forme uma equipe que torça por você.

"Quando vários gravetos estão juntos eles se tornam inquebráveis."

– *Provérbio Quêniano*

torcer

– verbo 1. encorajar um time ou competidor animando ou aplaudindo entusiasticamente.
2. dar apoio moral: todo o grupo estará torcendo por ele.

EU NÃO CONTAVA PARA TODO O MUNDO O QUE DESEJAVA PARA MINHA VIDA NO FUTURO, PORQUE SABIA QUE MUITOS NÃO ACREDI-TARIAM EM MIM.

minha vida **MUDOU** PORQUE EU NÃO PRECISAVA PROVAR NADA PARA OS OUTROS,

EU ERA ENCORAJADO POR UMA EXCELENTE EQUIPE. TODO O MEU ESFORÇO ERA CONCENTRADO NA VISÃO

NO PROPÓSITO QUE DEUS TINHA PARA A MINHA VIDA E COM AQUELES QUE ES-TAVAM PRÓXIMOS A MIM.

EU SELECIONEI UM TIME MARAVILHOSO!

QUANDO HOUVER ALGUÉM FALANDO DIANTE DE VOCÊ, PERGUNTE A SI MESMO A CADA MINUTO:

"ELE ACREDITA EM MIM?"

Sempre que estiver prestes a abrir o seu coração para aqueles ao seu redor, pergunte a si mesmo se as opiniões dessas pessoas estão ajudando a tornar o seu sonho realidade ou o estão matando?

CERQUE-SE
DE PESSOAS QUE

EM VOCÊ

SELECIONE PESSOAS, LÍDERES E AQUELES QUE SÃO INFLUENTES E ALTAMENTE CA-PACITADOS

MAS TAMBÉM APAIXONADOS POR SEREM PARTE DO SEU GRANDE SONHO.

"FLOCOS DE NEVE SÃO UMA DAS COISAS MAIS FRÁGEIS DA NATUREZA, MAS VEJA O QUE CONSEGUEM FAZER QUANDO PERMANECEM JUNTOS."

-AUTOR DESCONHECIDO

aquele que caminha com o sábio cresce em sabedoria, mas o companheiro dos tolos sofre prejuízo."

Livro de Provérbios

Não deixe ninguém lhe dizer que Deus quer menos para a sua vida. Ele nos deu o melhor em nossas vidas para que pudéssemos usufruir de todas as coisas.

NÃO DEIXE NINGUÉM DIZER

Ele deseja que o seu futuro esteja nas mãos Dele, para que assim você possa ter o que há de melhor durante toda a vida.

Muitos têm sido felizes pela boa vontade de Deus. Muitos têm sido felizes pela vontade aceitável de Deus.

QUE VOCÊ NÃO É CAPAZ!

Mas a realidade é que Deus criou você para experimentar a Sua perfeita vontade e deseja que você a experimente sempre!

Albert Einstein
não falou até os quatro anos de idade e não leu antes dos sete.

Seu professor o descreveu como "mentalmente lento", antissocial e como alguém que ficava constantemente perdido em seus sonhos tolos.

Ele foi expulso e teve sua admissão recusada pela Escola Politécnica de Zurique. A Universidade de Berna recusou sua dissertação de Ph.D por considerá-la irrelevante e utópica.

QUANDO PENSAMOS EM THOMAS EDISON, PENSAMOS NA INVENÇÃO DA LÂMPADA ELÉTRICA.

ESSE GRANDE CIENTISTA TAMBÉM FOI UM LÍDER INSPIRADOR.

ELE NÃO FALHOU, APENAS DESCOBRIU 10.000 MANEIRAS QUE NÃO FUNCIONAVAM.

Walt Disney

foi despedido
pelo editor de um jornal
por falta de ideias

Disney

foi à falência várias vezes
antes de construir

a construção de uma nova estrada forçou o
CORONEL SANDERS
a desistir dos seus negócios em 1967.

ele tinha um restaurante de *frango frito*

A maioria dos homens de sua idade teria desistido e se aposentado.

MAS NÃO O CORONEL SANDERS

7 anos mais tarde, aos 75 anos, o Coronel Sanders vendeu sua empresa de *frango frito*

por um valor de 'lamber os dedos' U$ 15 Milhões

o filme

STAR WARS

foi rejeitado por todos os estúdios de cinema em

HOLLYWOOD

antes da  produzi-lo.

ELE ACABOU TORNANDO-SE

um dos maiores sucessos

de bilheteria da história

— do Cinema! —

produza seu próprio
FILME
NO QUAL SEUS SONHOS
TORNEM-SE REALIDADE

erros + rejeições

=

EXPERIÊNCIAS DE
APRENDIZADO
eles acontecem

ENTÃO

SE PREPARE
para cometer erros e ser rejeitado
mas
transforme isso em uma experiência
de aprendizagem e não de desistência

TOME UMA DECISÃO CONSCIENTE
HOJE DE QUE ESTE ANO VOCÊ COMEÇARÁ UMA

NOVA FORMA
DE PENSAR VIVER CRER

"E não vos conformeis com este mundo, mas transformai-vos pela renovação da vossa mente, para que experimenteis qual seja a boa, agradável e perfeita vontade de Deus."

Rm 12:2

lembre-se: TODOS os dias

DEUS TEM O MELHOR PARA A SUA VIDA

— ouça a sua própria voz dizendo —

"Deus tem planos *perfeitos* para a minha vida."

AJA COM BASE NESSA DECLARAÇÃO TODOS OS DIAS!

AVANCE NA DIREÇÃO DOS SEUS OBJETIVOS! E NUNCA DESISTA!

Você está agora em uma encruzilhada. Esta é sua oportunidade de tomar a mais importante decisão de toda a sua vida. Esqueça o seu passado. **QUEM É VOCÊ AGORA? QUEM VOCÊ REALMENTE DECIDIU SER AGORA?** Não pense em quem você foi. Quem é você agora? Quem você decidiu se tornar? Tome essa decisão de forma consciente. Tome-a cuidadosamente. Tome-a poderosamente.

EU NÃO DESISTIREI

de fazer meus sonhos
TORNAREM-SE REALIDADE

do melhor dia da minha vida
E DA VIDA DA MINHA FAMILIA

de dar aos meus filhos
O MELHOR FUTURO.

"QUE ELE SATISFAÇA OS DESEJOS DO SEU CORAÇÃO E REALIZE OS SEUS PLANOS!"

SALMOS 20:4

não

de ter o melhor casamento

dos desejos do seu coração

desista

de ter as melhores férias

de sua carreira dos seus negócios nem do seu ministério

NINGUÉM CONHECE VOCÊ MELHOR DO QUE AQUELE QUE O CRIOU.

O CRIADOR DA VIDA TEM PRAZER EM VÊ-LO FELIZ DANDO-LHE TODAS AS COISAS DA VIDA PARA QUE VOCÊ POSSA DESFRUTÁ-LAS.

"DELEITA-TE TAMBÉM NO SENHOR E ELE CONCEDERÁ OS DESEJOS E AS SECRETAS PETIÇÕES DO SEU CORAÇÃO."
SALMOS 37:4

SAIBA QUE DEUS QUER REALIZAR SEUS SONHOS

PONTOS PARA RECORDAR

TOME UMA DESCISÃO CONSCIENTE; TENHA SENSO DE URGÊNCIA. OLHE PARA SUA VIDA E DIGA A VOCÊ MESMO: O QUE ACONTECERIA SE EU NÃO FIZESSE ISSO?

• • •

 **PENSE E DIGA O QUE VOCÊ QUER DA SUA VIDA: TROQUE A MANEIRA COMO VOCÊ PENSA POR NOVOS PENSAMENTOS — PENSAMENTOS DE DEUS.**

• • •

MUDE O SEU AMBIENTE: SELECIONE O TIME CERTO PARA SUA VIDA. LEMBRE-SE SOMENTE DAQUELES QUE SONHAM COMO VOCÊ!

> "Os caminhos de Deus são melhores do que os seus pensamentos."

JOÃO 3:16

"PORQUE DEUS AMOU O MUNDO DE TAL MANEIRA QUE DEU O SEU ÚNICO FILHO, PARA QUE TODO AQUELE QUE NELE CRÊ, NÃO PEREÇA, MAS TENHA A VIDA ETERNA."

ACREDITE CAPACITE-SE

JESUS é seu CEO

"Verdadeiramente te digo, todo aquele que crer em mim, fará o que eu tenho feito, e até coisas maiores que estas, porque eu vou para o Pai."

Jesus

A FONTE DA SUA VIDA É DEUS

e você verá uma transformação em todo o seu viver.

ESTE NÃO É UM CONVITE PARA

UMA IGREJA OU UMA RELIGIÃO, MAS A UMA

VIDA ILIMITADA

de amor e poder que irá fazer do seu nada, tudo.

SUA CONEXÃO COM ELE LHE DARÁ ACESSO

AO SOBRENATURAL

à multiforme sabedoria de Deus.

•

VIVA O EXTRAORDINÁRIO EM TODA A SUA VIDA!

DEUS

NOS FORMOU COM A **CRIATIVIDADE PARA SERMOS INOVADORES** E VIVERMOS UMA

VIDA

EXTRAORDINÁRIA!

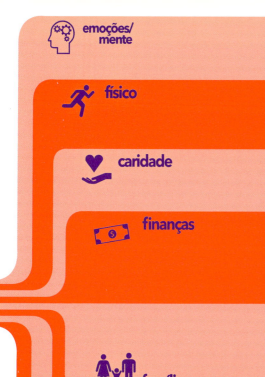

VIVA O EXTRAORDINÁRIO

FATOR  VOCÊ

VOCÊ PRECISA CONHECER A SUA IDENTIDADE

VOCÊ FOI FEITO PELO CRIADOR DO UNIVERSO

SE VOCÊ QUER ALGO, VOCÊ É QUEM PRECISA SER TRABALHADO, NÃO SEU OBJETIVO.

ESTE É O PASSO MAIS IMPORTANTE PARA O SEU DESENVOLVIMENTO PESSOAL QUE

VOCÊ PODE DAR.

Para dar continuidade ao seu desenvolvimento pessoal, acesse:

lesterbello.com

SONHE GRANDE

IMAGINE UMA VIDA SEM LIMITES OU MEDOS:

ESCREVA
OS PRÓXIMOS CAPÍTULOS
DA SUA VIDA:

Escreva suas três prioridades

Ex: Família - investir mais tempo com eles.

1 _____

_____

2 _____

_____

3 _____

_____

Escreva as ações que você tomará para fazer delas um sucesso.

Ex: Ação - dedicar 1 hora por dia de atenção total a eles.

1

2

3

Afirme

EU TENHO UM RELACIONAMENTO ÍNTIMO COM O CRIADOR DO UNIVERSO

EU ACREDITO NO MELHOR PARA A MINHA VIDA E PARA A MINHA FAMÍLIA.

EU ESCOLHO VIVER AO MÁXIMO.

ESSAS SÃO AS PALAVRAS QUE PODEM GERAR UMA ATITUDE PODEROSA QUE O LEVARÃO A CONQUISTAR REALIZAÇÕES NA VIDA, SEJAM ELAS NO ESPORTE, NOS NEGÓCIOS OU NO MINISTÉRIO.

PERMANEÇA FIRME ATÉ O FIM

PERMANECER FIRME ATÉ O FIM É UMA POSTURA QUE PODE SER APLICADA A TODOS — PROFESSORES, ESTUDANTES, ATLETAS, EMPRESÁRIOS, PAIS DE FAMÍLIA, MÉDICOS, PACIENTES, EQUIPES DE VENDAS, IGREJAS E MUITOS OUTROS TIPOS DE PESSOAS.

TRANSFORME HOJE AS PALAVRAS FINAIS DESTE LIVRO NAS QUATRO PALAVRAS MAIS PODEROSAS DA SUA VIDA.

EU NÃO VOU DESISTIR

AUTOR
LESTER BELLO

TRADUÇÃO
**SILVIA CALMON
IDIOMAS & CIA**

REVISÃO
IDIOMAS & CIA

DESIGN/ DIAGRAMAÇÃO
SAMUEL MATOS

IMPRESSÃO E ACABAMENTO
EDELBRA GRÁFICA

SAIBA MAIS
LESTERBELLO.COM

BELLO, LESTER

B446   NÃO DESISTA / LESTER BELLO;

TRADUÇÃO DE SILVIA CALMON / IDIOMAS & CIA.
BELO HORIZONTE: BELLO PUBLICAÇÕES, 2013.
64P. - TÍTULO ORIGINAL DON'T GIVE UP

1. AUTO-AJUDA ASPECTOS RELIGIOSOS. I. TÍTULO.

CDD: 158.1
CDU: 159.9:230.112

ISBN-979-85-61721-99-